ミラクルハッピーなみちゃんの

ツキとチャンスが訪れる超開運BOOK

やればなぜだか不思議と叶う！

リフレミングセラピスト
佳川奈未
Nami Yoshikawa

魔法のルールで
あなたの夢が叶う！

気になるまえがき

〝信じるものが現実をつくる！〟

女の子はみんな、小さい頃から、おまじないや魔法が大好きですよね。
私もそんな一人で、いろんなものを試してきました。

お寺の尼僧さんに教えてもらったものや、私のエネルギーワークで実践しているものや、自分がやって良い結果の出たものを、ここにあげてみました。

みんなの日常に、ちょっとうれしい刺激を与えられたらいいなぁと、書いたものばかりです。

古代より、加持祈祷《かじきとう》やおまじないは、人々の生活の中で必要不可欠なものとして存在していましたよね。

みんな目に見えない未来を、希望と明るい気持ちで迎えるために、また、いまよりもっと幸せになるための手段として、加持祈祷やおまじないのパワーを利用していたのです。

いまでも、お正月になったら玄関にしめ縄を飾ったり、節分にはいわしと柊《ひいらぎ》を玄関にぶらさげたりして、開運や魔よけをしています。

それらはすべて、明日の幸せを願う気持ちと行為そのものなのです。

そして、それらの効力を信じていられるから、安心して今日という日を生きてもいけるきっかけにもなっているのですよね。

これをすることでいまの不安が消えたり、少しでも明るい気持ちになれたり、さらに運が開けて、いいことが起こりだせばいいなぁと思っています。

自分が「これだ！」と思って、わくわくしたものや、気になってしかたないもの、興味があるものなどを試してみてください。

あまり気のりがしないものや、いまひとつ信じる気持ちのわかないものは、その時点ではしないでくださいね。

効力を高めるのは、信じる気持ちから発生するエネルギーです。

信じる人にはうれしい良い変化が必ずいっぱい現れます☆

2005年8月

ミラクルハッピー　佳川《よしかわ》　奈未《なみ》

ツキとチャンスが訪れる超開運BOOK◎もくじ

もくじ

Scene 3　恋愛運がみちがえるルール　59

Scene 4　強運をものにするルール　87

本文イラスト／飛鳥　幸子
本文レイアウト／丸山　顕創（トレック）

Scene 1
金運によく効くルール

お金がみるみる入りだすピラミッドパワーマークの法

お金は、「金気《きんき》」のあるところや「黄金に輝くもの」をめがけてやってくる性質があります。

ですから、あなたが持っているお財布や通帳を入れているケースや貯金箱に、**〝金気を持った黄金に輝くパワーグッズ〟を入れておけば、不思議とお金がどこからか呼び込まれ、入ってくる流れを大きくつくってくれる**のです。

お金がみるみる入るピラミッドゴールデンパワー

1 金色の色紙と、赤と黒のボールペンを用意します。

2　色紙を縦7センチ×横7センチの大きさの正方形に切ります。

3　切ったものを三角に折って、それを開いたら裏返して、イラストのように片側の三角スペースには　赤のボールペンで7重の円を書きます。

もう片側の三角スペースには、黒のボールペンで金という文字をピラミッド型に7つ書きます。

4　両面書き上げたら、糊をつけて閉じます。

5　閉じた三角のキラキラグッズを、イラストのような方向にむけて財布や通帳を保管している入れ物や貯金箱に入れてください。

※大きさが気になる場合は、その半分に折ってもいいです。

6　そして、それを入れた日からは、お財布を一切、キッチンや食器棚などに置かないようにしてください。お金の入ってくる流れをしっかりつくり、入ってきたものが湯水のごとく出て行かないようにするためです。

このピラミッドのゴールドグッズで、みるみる金運が良くなります！

お金がみるみる入るピラミッドゴールデンパワー

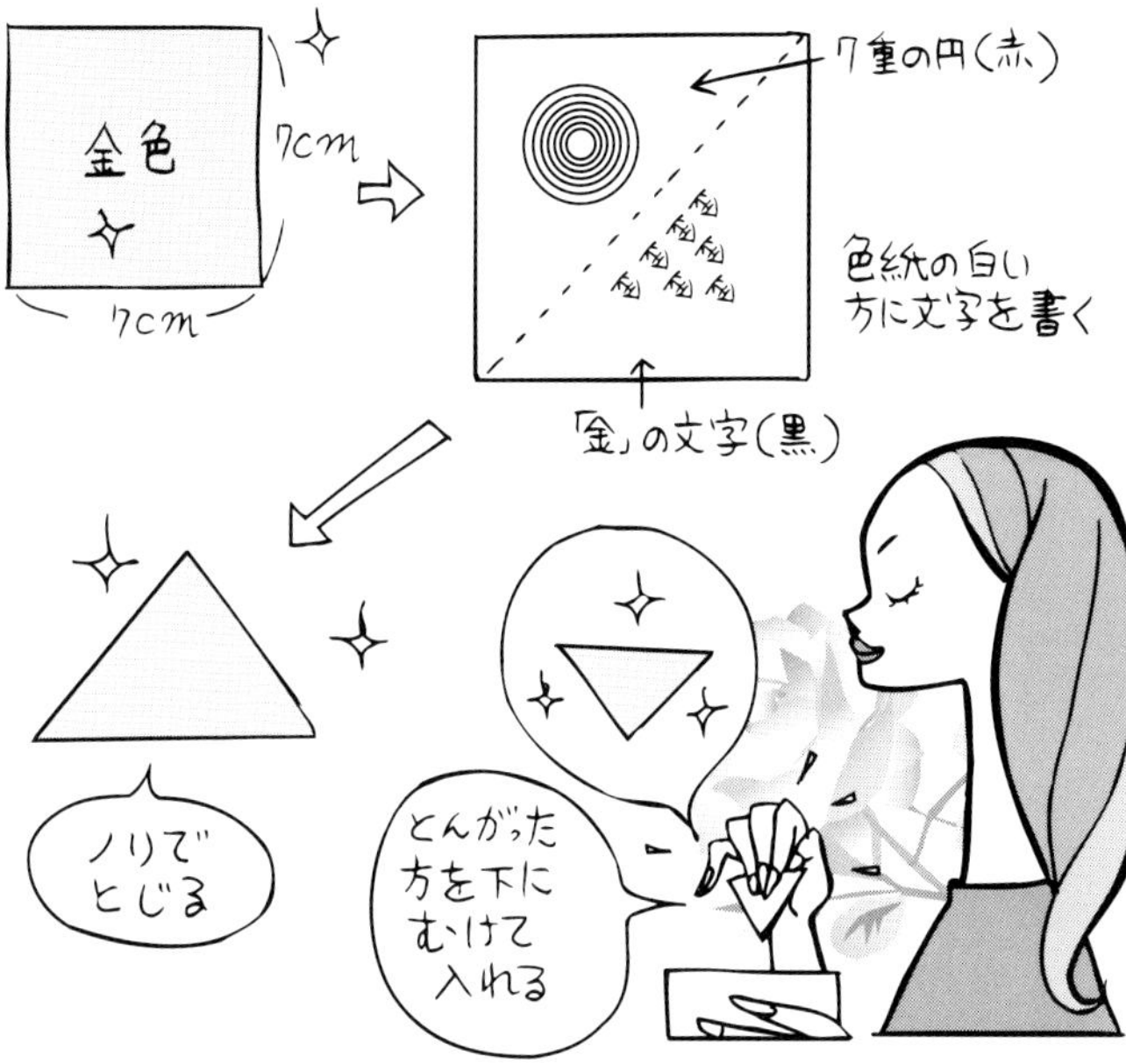

お財布・通帳ケース・貯金箱など、金運を高めたいすべてのところに入れたいピラミッドパワーグッズ！

金運招来！　金箔《きんぱく》パワー光の法

お金は独特の気や働きを持っているると同時に、大金が入ってくるときに現れる不思議な現象をも見せてくれます。

それは、**「手のひらに金粉を浮かせる」**というものです。

ラメ入りの製品やメイク用品をさわったわけでもないのに、なぜか手のひらにキラキラの光る粒子がついていて、光っていて、その後、お金に恵まれるということにつながるのです。

この**現象を自ら先につくることで、大金を呼び込む気をまとうことができます**ので、やってみましょう。

大金を呼ぶキラキラ光る金箔パワーアクション

1 ラメ入りのメイクアップ製品を買ってきます。フェイスパウダー系でも、アイメイク系でもなんでもいいです（肌がかぶれないものを選んでくださいね）。

2 それを指につけ、手のひらのくぼみにチョンチョンとつけます。右、左、両方つけておきます。

3 あと、金運を強く呼び込みたい人は、両方の耳たぶのところと、ヘアーにも少しだけつけます。

これでバッチリOKです。
お金になる仕事や昇給や臨時収入が期待できます！

大金を呼ぶキラキラ光る
金箔パワーアクション

お金を受け取る準備ができた人のところに
恩恵がくる！

預金がどんどん殖《ふ》える残高イメージングの法

お金を本気で貯めようと思ったら、自分はそれを〝どの程度〟欲しいのかを、しっかり把握しておかなければなりません。

把握することで、想像の金額がエネルギーを持って、こちらに働きかけてきて、その金額を確実に実現化するようになるからです。

金気をつけて、金運を高めたら、あとは入ってくるお金を大きな数字に導き、換金していきましょう。

こんな通帳欲しかった！の換金法

1 イラストのように、いま持っている通帳の、なにもまだ記帳されていない奇数のページをコピーしてください。コピーしたものに、自分で入ってきて欲しい金額を入金欄に書いていき、残高を累計していきます。

2　実際に貯蓄可能な数字よりも、大きい数字を遠慮なく書いてください。

〝こんなの無理かも〟とか、〝こんな大金入ってくるわけない〟と思ってしまったら書くのをやめ、お金のことを素直に望んで、大きな数字が気持ち的にしんどくないときに書き直してください。

いままでお金に縁のなかった人や、お金に対してネガティブなことを考えがちな人は、ほんとうに不思議ですが、この欲しい貯蓄額に大きな

こんな通帳欲しかった！の換金法

ウハウハ書きこんで、どんどん実現させよう！

数字がすんなり書けないのです。

別に借金の額を書けといっているわけではなく、手にしたいお金を大きく書いていいですよと言っているだけなのに、その望む大きな金額が自分の中から出てこないのです。

ですから、そういう否定的な感情がお金に対して離れてからでないと、お金を惹きつけるエネルギーが発生しにくくなるので、日を改めて書き直して欲しいということです。

書き直したときに、〝本当にこんなに入金があって、通帳の残高がどんどん殖えていったら、どんなにいいだろう〜、うれしい〜〟と、思えたら、金運は早く身につけられるようになります。
3 書いたものを3つ折りにして、表に「左うちわ貯金専用通帳」と書き、お財布や家計簿や通帳ポーチに入れておいてください。

これで財テクパワー万来となってきます。

さらに、いつまでにこれを達成したいか、期限をしっかり決めておくと、なお現実になるのも早くなります！

お財布リッチに札束万来の法

札束を殖やすには、お財布を新調するのが最も効果的です。

その場合、**新調するお財布は、茶系統やベージュ系のブランドものや、金の金具やワンポイントがついたもの**なら、さらに金運がアップします。

形は、二つ折りではなく、**お札を折らずにスッポリ収納できるものがベスト**です（給料日のたびに千円でも一万円でもいいから、とにかく新札に変えたものを7枚入れておくと、どんどん増える）。

二つ折のお財布を持っている人は、お金も入ってくることは入ってくるのですが、他人のためや、なにかの義理で使わされることが多く、自分のためになかなか使えない場面も多いのです。それなので、リッチ感をあまり持てずにいるはずです。

一方、お札のスッポリ入る長財布は、入ってきたあと出て行くまでの期間が長かったり、貯まりやすく、また自分のためにもお金が使えるリッチ感がずっと続きます。

また、ワゴンセールやバーゲンで値下げして売られているお財布よりも、**正価で、しかもブランドを確立させているもの**のほうが、波動的に豊かなものをまとっているものですから、そういう富裕な波動もしっかり取り込みたいなら、ちょっとがんばって、お気に入りの持っていてうれしくなるようなお財布を持つといいでしょう。

リッチなお財布！　札束万来の法

1　まずお気に入りのお財布を新調したら、お財布に入魂の儀式を行ないます。

買ってきた日の夜、半紙か白い紙を用意し、12センチ×12センチの大きさに切ります（朝ではなく、夜にするのに意味があります。夜は陰の気が発生するので、それを利用するのです。陰の気は何でも内側にため込む波動を持っているので、お金に関してはその気をわざと持たせます。朝や昼間などの陽の気は外側に解き放つ気のせいで、どんどん使ってお金をまき散らすことになるからです）。

リッチなお財布！ 札束万来の法

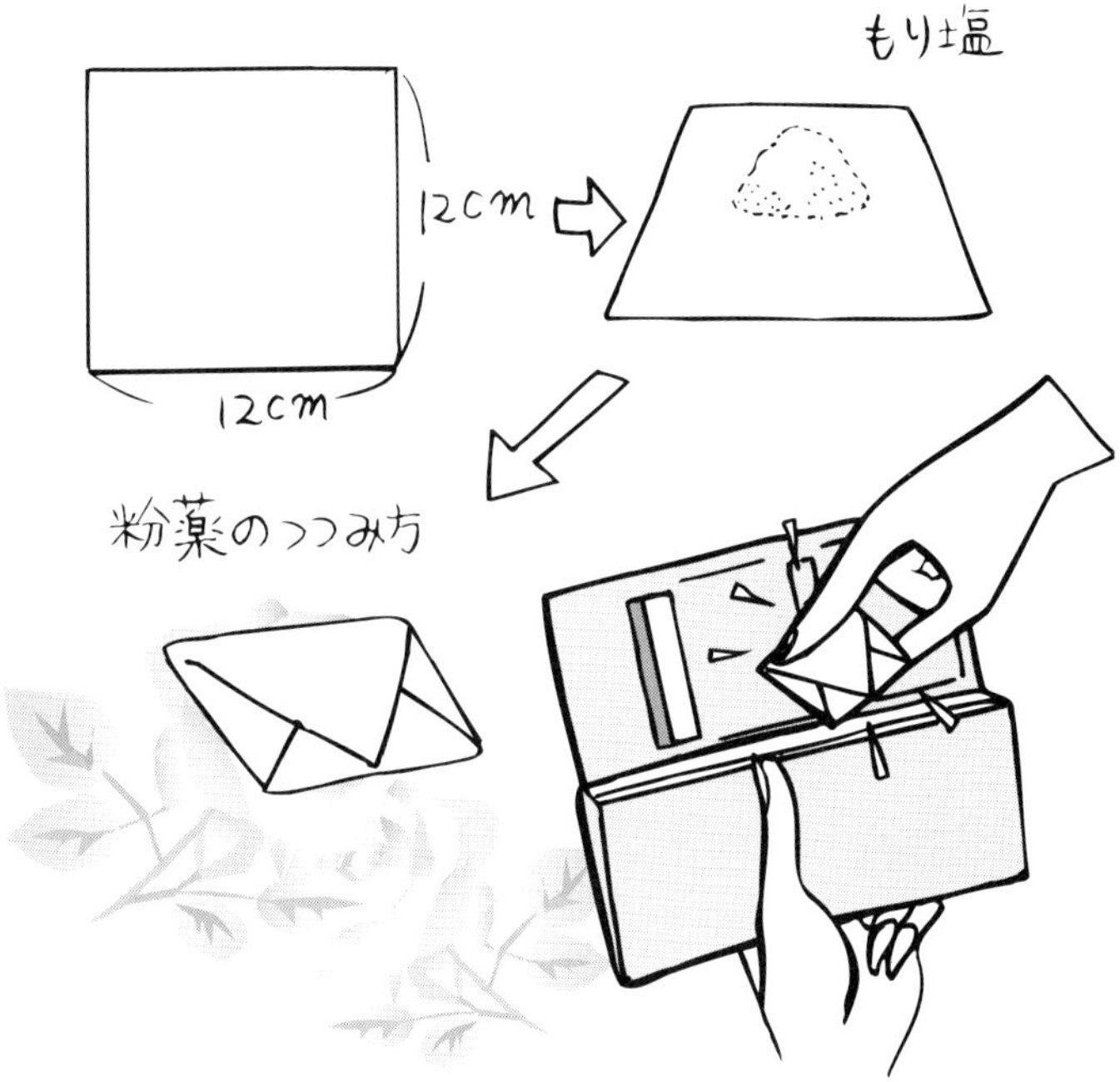

このときの塩の作用は、繁栄を祈る意味で使っています。

２　紙に粗塩をひとつまみ置きます。

それをイラストのようにして包みます。

３　それを財布の中に７日間入れて、それから出します（お財布から取り出した７日間終えた粗塩は、家の玄関先にまいて処理します）。

Scene 2
幸運がなだれ込むルール

良いことがたて続けに起こりだす言霊《ことだま》秘法

言葉には言霊というものがあって、発した音の波動で、その言葉の意味する現実を呼び込むという働きをするものなのです。

その性質を利用して、積極的に良いことを惹きよせる魔法がコレ！

この言葉を唱えれば、たちどころに目の前の霧が晴れ、日の光が射し、うれしい出来事に満たされるという神秘なるお守りです。

なにか夢がある人、叶えたいことがある人、成功させたいものに取り組んでいる人などに効果テキメンです。

神秘な霊力満載の幸せな言霊お守り

1 白い紙（画用紙やコピー用紙のようなしっかりした紙）と半紙と墨（筆ペンでＯＫ）を用意します。

2 白い紙を縦7センチ×横4センチにカットしたものを3枚つくる。

3 それぞれに次のような文字を書きます。

『最高最良』※（さいこうさいりょう）という音で読みます。

『最良最勝』※（さいりょうさいしょう）という音で読みます。

『最勝成就』※（さいしょうせいしゅう）という音で読みます。

4　書き上げた3枚の紙（お札）を、半紙にイラストのような形で包みます。

5　それをお守りとして持っていてください。バッグに入れたり、手帳にはさんだり、肌身はなさずに！

いつのまにやら強運体質のラッキーガールになっていますよ！

神秘な霊力満載の幸せな言霊お守り

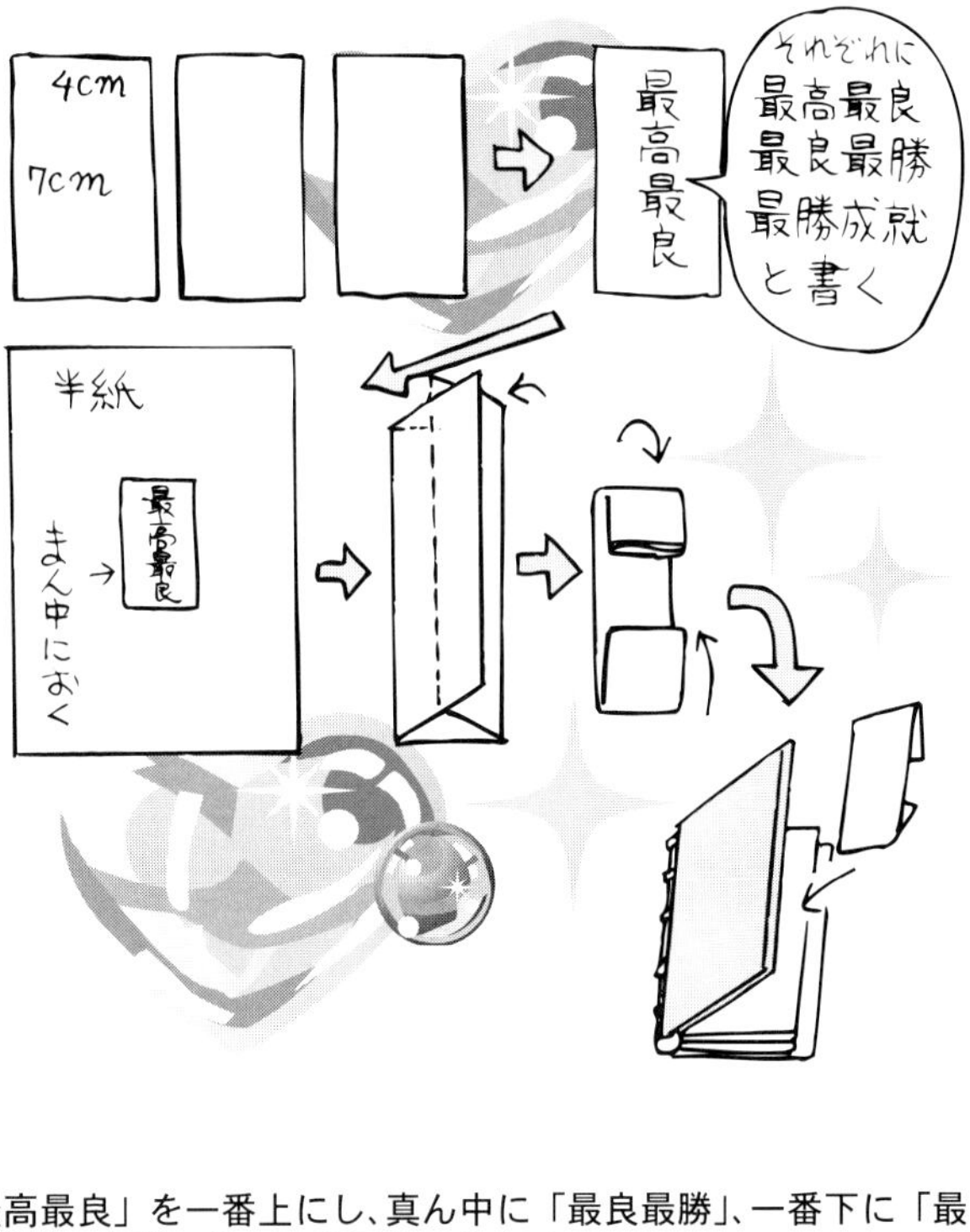

「最高最良」を一番上にし、真ん中に「最良最勝」、一番下に「最勝成就」と書いたものを重ねて包む！

人生が飛躍の扉を開ける太陽パワー獲得法

この太陽の光のエネルギーをあび、そのエネルギーを受け取って自分自身や人生をレベルアップさせるという儀式は、古代より人々が神のパワーを受けるための手段として、意識して行なわれていた、とても長い歴史ある開運法です。

これを密かに行なったあと、びっくりするほど良いことにつながり始めます！　身体的にも細胞が活性されたように軽く元気になり、精神的にもやもやしていたものや重いものや暗いものが一掃され、心の深いところから熱くほとばしるような、内に秘めていたパワーが湧き上がるような、不思議な感覚が巻き起こります。

そうして、何回か続けると、思っていたことが次々に実現していることに気づき、自分でも驚くことでしょう！

太陽パワーエナチャイズの法

1 初心者は、朝の穏やかな太陽の光をあびることから始めましょう。

2 朝、家の庭でも、ベランダでもいいですし、近所の公園や、ちょっとした広場に出向いてやってください。体に太陽が当たる場所を選びます。

できれば誰にも会わず、ひっそり一人でできるのがいいのです！　集中してエネルギーを受けることができるからです。

3　場所が決まり、ひとりでワークできるようになったら、イラストのように太陽に向かい合うつもりで立ってください。

そして、向かい合った太陽の日の光を自分のハートの真ん中に集中させるようなつもりで、引き入れる意識を持ってください。

そして、「太陽の光り輝くまぶしい光の恩恵を、いま私にすべて注いでください」と、心の中で唱えます。

唱えながらも、意識としては、その太陽の光をどんどんハートにそそいでもらっている（自分に宇宙のはるか彼方の遠くから、とてつもなく大きく偉大なエネルギーを引き込んでいる）とイメージし続けてください。

何分間か気のすむまでやっていると、心の中が自然にジワーッとあたたかくなってきて、そのうちに熱い涙がポロポロあふれ始めることでしょう。

そうなったら、確実にエネルギーを自分が取り入れたことの印です。

穏やかに、「ありがとうございます」と伝えて、やめます。

４　終わったあと、なんだかすべてのことに吹っ切れた感じがして、元気が出て、やる気にあふれているものです。

うまくそのエネルギーを、やりたいことに注いでください。驚くほどスムーズにことが運びだします。

5　一番パワーが強いのは、正午～午後2時くらいの太陽です。朝の儀式になれたら、この時間帯にもやれるならやってみるといいでしょう(太陽パワーを受け取るこの儀式をするときは、決して太陽を直視したり、長時間当たったりしないでください。目を痛めたり疲れたりするといけませんから、絶対に守ってくださいね)。

6　それから、夕暮れの沈み行く太陽のパワーは、心底疲れ切った心身を癒し、どんなにがんばっても立ち直れなかったような落ち込みをも回復させる、ものすごく大きな癒しと復活のエネルギーを持っていますので、そんなときは夕暮れの太陽パワーを同じ要領で取り入れましょう。

急に、自分のかかわっていたすべてのことが、まるで光が投げかけられたかのように好転していきます！

神様に出逢う5時起き祈願21日の法

どうしても叶えたいことや、なんとしてもうまくいかせたいことや、成し遂げたいことがあるときは、この21日祈願をやってみてください。揺るがぬ心を持って、天と自分に思いを刻みつけられれば、あとはそれに向かって賭けていくことで、自然と叶うようになっていきます。

願いを叶える不動心祈願達成の法

1 まず、半紙と筆ペンを用意します。

2 半紙のイラストのような位置に「祈願達成書」と書き、自分の「生年月日」と「名前」と「住所」を書きます。

続けて、肝心の「願い事」を書きます。

そのとき、「○○になりますように」などと、消極的な頼りない書き方ではなく、はっきりと「○○になる！」と言い切る形で書きます。

あるいは、「○○を達成！」としてもいいです。

3 次に、願望達成の功徳《くどく》力を込めるため、

「ナウ マク・サン マン ダ バー ザ ラ ダー・セン ダ・マ カ ロ シャ ダ・ソ ハ タ ヤ・ウン・タ ラ タ・ カン・マン」

という言霊を持った言葉を書きます。

まったく同じ内容を21枚書きます。

4　書いたものを使って、21日間祈願をします（書いた日からこの祈願の儀式をしたければ、その日は、5時より前に起きる必要があります）。

5　初日から21日目まで21日間の間は、朝5時に起きてください。朝の5時は神様に出逢う時間なので、願望が届きやすいのです。

6　お部屋の中心から「東」のほうに顔を向ける形で正座し、祈願していきます。

まず、半紙に書いたものを手に持って目の前に開き、

「これより祈願達成を願います。どうぞよろしくお願いいたします」

と告げ、自分の生年月日と名前と住所を告げ、続けて願い事を告げ、最

後に、功徳力の言霊を21回声に出して読み上げます。

7 それが終わったら、半紙を（この日の分だけ）イラストのように横に幅3センチ～4センチになるようにくるくる折っていきます。

半紙の両端はイラストのように折り返します。

これを封筒に入れておきます。

8 これを21日間繰り返します。終わった順に7の作業をして、最後の日がくるまで封筒に入れていきます。

9 21日間の祈願が終わったら、自宅の机や洋服ダンスに封筒の封をしてしまっておきます。

10 この祈願をした限りは、その夢の実現にともなう必要なことに着手し、安心して賭けていってください。なにもしなければ叶わないのは当たり前です。

しっかりそのことに安心して取り組んでさえいれば、功徳力が働いて、良い展開や不思議なご縁や出来事に導かれ、叶うように運ばれます。

まことにありがたい、ご利益あふれる秘法です！

願いを叶える不動心祈願達成の法

祈願達成書
昭和60年1月2日
石川真梨花
東京都千代田区
神田1の2の3
○○になる!
ナウ マク・サンマンダ
バーザラダー・セン
ダ・マカロシャ
ダ・ソハタヤ・
ウン・タラタ・
カン・マン
ひとつの
封筒に
終った順に
入れておく

この功徳力で、夢がみるみる叶う摩訶不思議な体験をすることでしょう。

自分のオーラとパワーを高める黄金の光の法

自分のオーラを高め、自分の潜在的な力をアップさせたり、もっと高まった深い自己として生きていたいと願う方は、是非、この方法を試してみてください。直感に恵まれ、クリアな判断ができ、ビジョンが明確になっていきます。

黄金のエナジーワーク

1 お風呂上りの、体が清潔な状態のときに行ないます。

自分のいる部屋の中心や、ベッドの中央にあぐらをかいて座ります。

2 目は開けていても閉じていてもいいです。

まず、燦然《さんぜん》と黄金に輝く太陽の光のような球体が天からずっとやってきて、いまようやく自分の頭の上から1メートルくらいのところにあるのをイメージしてください（黄金の太陽のような光の球体は、自分の頭より大きい、肩幅くらいの直径のある大きさのもの）。

3 その光にいま出逢えたこと、これから自分の中に迎え入れることを大歓迎するような、うれしい気持ちでとらえてください。

4 その光の球体を自分の呼吸に合わせて徐々に頭上からおろし、そのまま自分の頭の中に、すっぽりと入れ、そのままゆっくり、首を通って下に行き、胸のところまで引き込みます。

5 胸の中心まできたら、今度はその黄金に輝く光の球体を呼吸のリズムに合わせて、徐々に大きくし、体中に広げます。

6 その感覚を1～3分くらい感じたら、頭上にあったときの大きさに戻します。

7 そして、ゆっくり今度は胸から首、頭と通って、また頭上の上に出します。

そして頭上の上1メートルくらいのところまで持っていき、「私に光

黄金のエナジーワーク

光り輝く自己と未来を手に入れよう！

とエネルギーとパワーをありがとうございます」とお礼を告げ、宇宙に返すつもりで意識の中から消します。

これらの動作を、自分がパワーやエネルギーが欲しいときにはいつでもしてみてください。何度でも光の高次元エネルギーを自分に補給できます。

感謝波動をバージョンアップさせ、さらにうれしいことを惹きつける法

言霊の波動で、一番現実に大きな影響と恩恵をもたらす言葉が、**「ありがとうございます」**と**「感謝します」**という言葉です。

これはただのあいさつの言葉というのではなく、この言葉の音の持つ波動の質と高さがすごいものなのです。

自己浄化の働きにすぐれている高次元エネルギーで、かかわるすべてのつながりに強烈なバイブレーションをかけ、自他ともに上昇させ、いまあるすべての現実現象や関係を、飛躍的に上に引き上げてくれるパワーがある言葉なのです。

「ありがとう」の恩恵活用法

1 この言葉は、使えば使うほどパワーを発揮しますので、口にすることを習慣にしてみてください。

一日100回くらいなら道を歩いていても、家で食器洗いや洗濯をしていても唱えられます。

連続で1000回続けて唱えても　ほんの30分くらいしかかかりませんから、

「30分で運命のウォーミングアップ」

ができるのだと、よろこんで取り組んでみてください。

おもしろいほど〝いいこと〟が、日常にやってきますよ。

2さらに、これをバージョンアップする方法は、「ありがとうございます。感謝します。うれしいです！」と、3つの言葉を1セットにして唱えることです。セットで毎日1000回やると、すごくいいことが起きます！

注意点がひとつだけあります。

決して「ありがとうございました」と、完了形で言わないでください。言葉を完了形にすると、いいことがピタッと止まるのです。

いいことは継続的に次々にやってくるほうがいいので、必ず「ありがとうございます」と唱えてください。

いいことを惹きつけようと、特に意識していなくても、この言葉が口から出る回数が増えるにしたがって、それにともなうかのようにいいことが勝手に惹きつけられ、起こり出しますから、ただ、笑顔で気持ちよくやってみてくださいね。

唱えれば唱えるほど、うれしい奇跡に出逢えるようになります！

良いご縁を確実なものにし、天のサポートに導かれる法

初めて訪ねる場所や人や会社と良いご縁を結びたいときや、良い人との出逢いが欲しいときや、大切な人との仲をしっかりとした絆で末永く結んでおきたいときに、この方法を使います。

7色の糸の縁結びの秘法

1 手芸屋さんで、刺繍糸の、赤・橙（オレンジ）・黄・緑・青・藍・紫の7色の糸を買ってくる。

2 7色の糸（刺繍糸をポロポロ一本ずつほどかなくていい）をそれぞ

れ14センチにカットし、イラストのようにひとつに束ねて、それを二つ折りにし、結び目をぎゅっとつくる。

3 これを鞄の中やポーチに忍ばせておく。

こんなに簡単なのに、頼りがいのあるお守りになります。

また、これを持ち始めたら、良いご縁の結べる人や出来事になぜだかよく惹き合わされるようになります。

7色の糸の縁結びの秘法

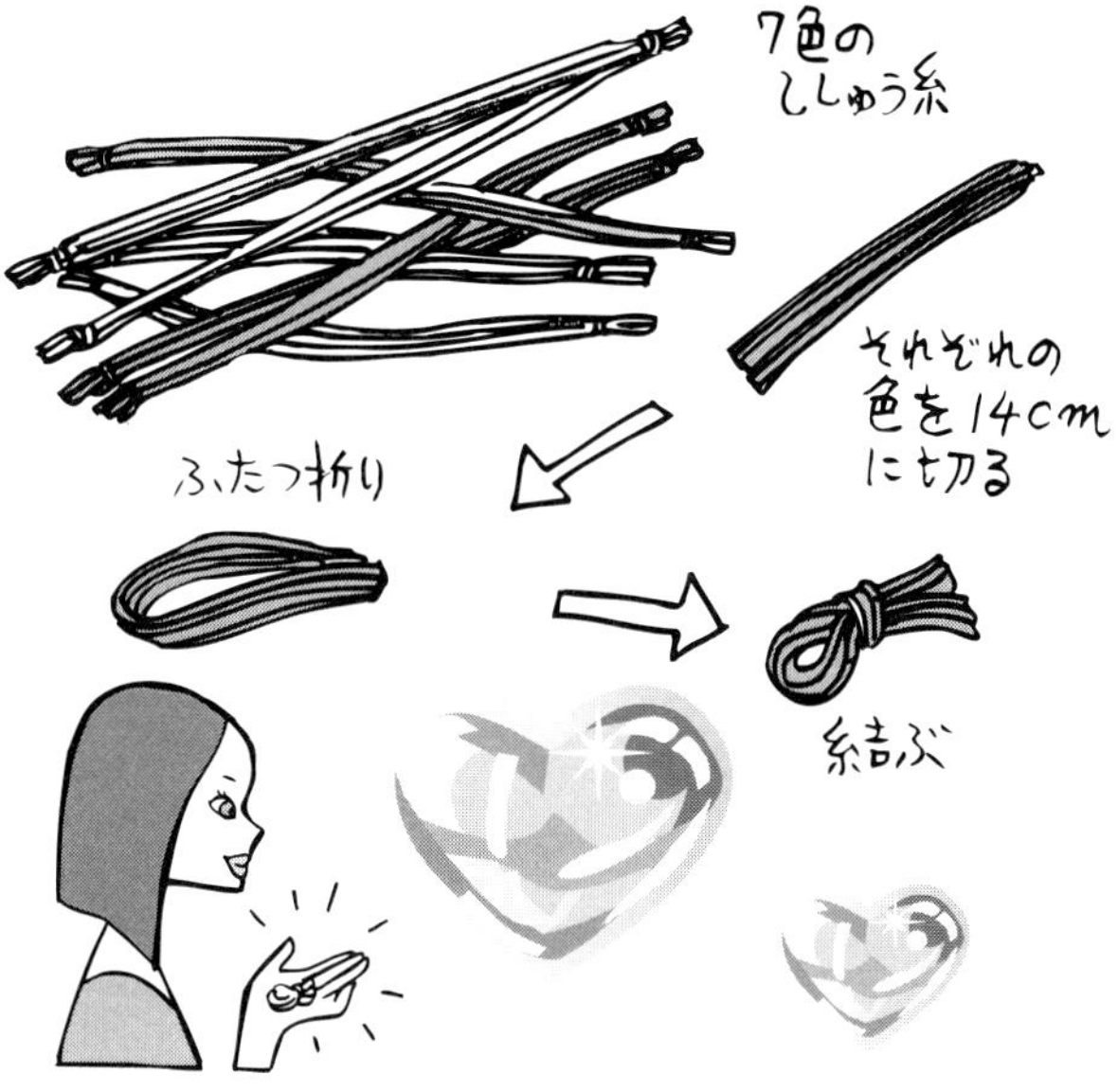
7色の
ししゅう糸
それぞれの
色を14cm
に切る
ふたつ折り
結ぶ

見えないパワーで、見えるご縁を結ぼう！

Scene 3

恋愛運がみちがえるルール

好きな人をふりむかせる！　ピンクと白の愛され相の法

ピンクカラーの影響心理学を利用した、愛される秘密はコレ！

いつも好きな人ができると相思相愛になったり、とても大切にされたりする女の子には、実はわけがあったのです。

男性は女性に対して、〝守ってあげたい〟という思いを抱いたとき初めて強い愛を感じるのです。その守ってあげたいという思いにかられる原因が、ピンクのカラー法則にあるのです。

実はピンクは、か弱さと優しさと癒しをかもしだすカラー。

そして、赤ちゃんのときにいた母親の子宮の色なのです。

ですから、**男性は、淡いピンクという色に、ほっとしたりもするのです。その色をうまく用いている女性に安らぎを感じるものでもあるのです。**

か弱くて、守ってあげたくて、そばにいるとホッとするこの優しい雰囲気に、浸っていたいと潜在意識的に思っているので、知らず知らずにその傾向を備えた女性を好きになってしまうのです。

ということで、この色を使って、あなたに逢いたいと彼が思う〝愛され相〟をつくっていきます。

なぜ、相(顔)がポイントになるかというと、逢いたいと思うとき、人はその人の顔を思い浮かべるものですし、その顔を見たくなるものだからです。

愛され守られ大切にされる、愛され相のつくり方

1　まず、素肌をキレイに整えて、ファンデーションでベースをつくってください。

ブラックヘッド（毛穴の汚れや黒ずみ）や荒れた肌ではファンデーションも決まらないので、日頃よりしっかり肌を整えておいてくださいね。

2　眉とアイライナーは同系色にして描きます。茶系、黒系は、ヘアーのカラーとマッチするほうを選んでください。

3　まず、淡いピンクのアイシャドゥを、まぶた全体にうすくのばします。そして、その同じアイシャドゥか、一段濃いピンクをイラストのよう

な目尻のところにポイントとしてつけます。

4 同系色のチークをつけます。

5 ルージュも同系色のピンクか、もしくは、オレンジをつけます。
唇はリップグロスで艶々《つやつや》にしましょう。

6 仕上げに、白のパウダーをイラストの場所に軽くサッとかけます。
こってりつけるのではなく、サラッとはけでなでる程度にします。
守ってあげたいプリティフェイスになってしまえば、恋のゆくえも、
もう安心。

愛され守られ大切にされる、愛され相のつくり方

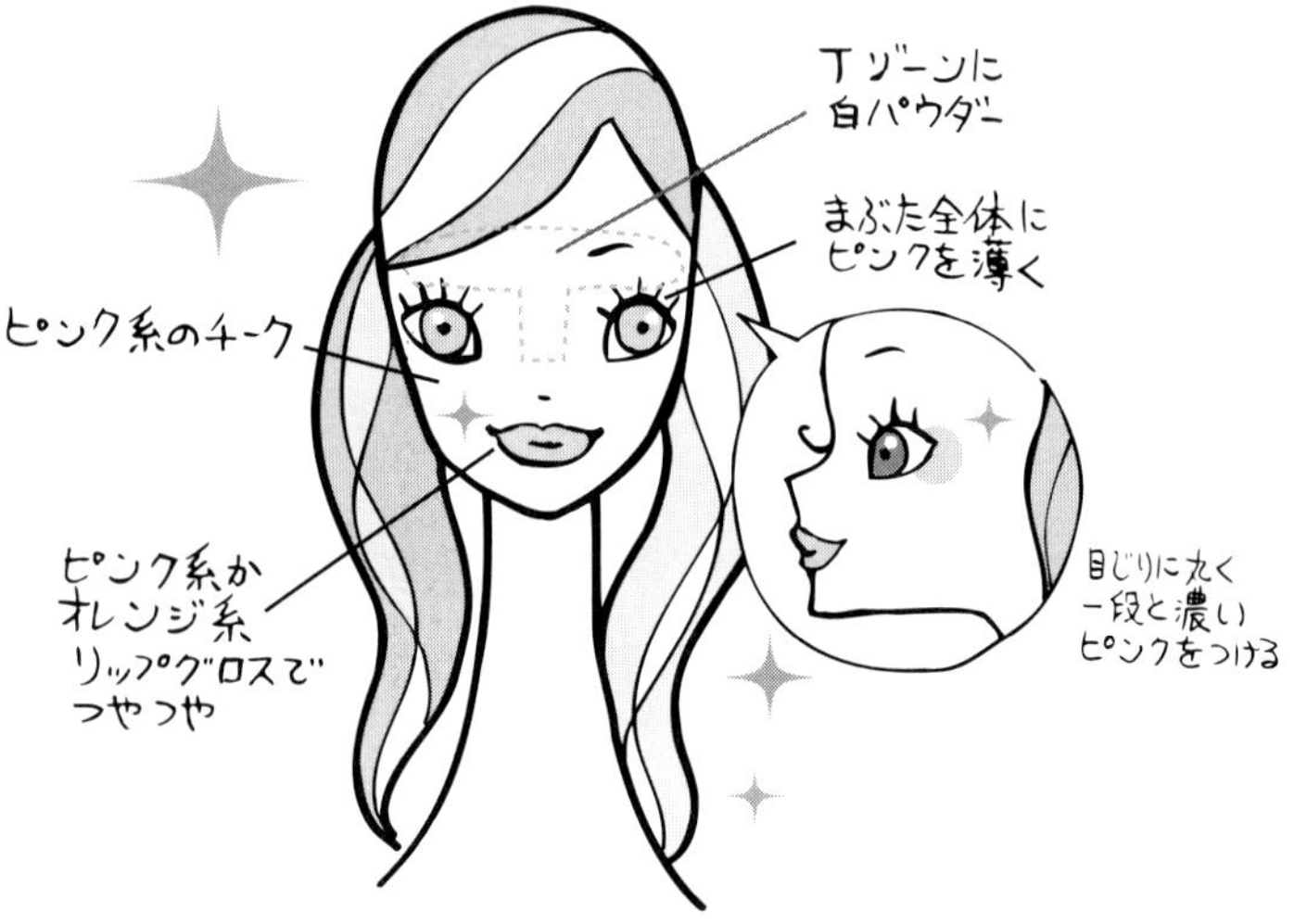

キュートで愛らしいやわらかな雰囲気が、恋の運気と相手の心を惹き寄せる！

なぜかやたらとモテ始めるキラメク光の恩恵の法

光を身にまとわせることで、自分の運気が上がり、人に注目されるようになってきます。

まずは、人の視線がもっとも集まる顔を中心に、光を取り入れていきましょう。これは超お手軽にできます。

キラメク光の恩恵フェイス

1 いつものように、ふつうにメイクアップしてください。

2 仕上げに、白くて光る粒子の入ったフェイスパウダーや、白いチークやパウダーを、イラストの位置につけます。

3　はっきり真っ白けにしてしまわないように、ハケでほんわかと光ったり、白っぽい光を感じられる程度にサッとぬってください。

4　それから、ヘアーにも合わせて光を取り入れるため、ラメ入りヘアケア剤を使ってみてください。イラストのようなポイントにつけるか、全体に軽くつけてみてください。

5　これで「幸運の女神顔」になっているので、ニコニコ笑顔をたやさないように日々をすごしてください。みるみる人気が上がります。

キラメク光の恩恵フェイス

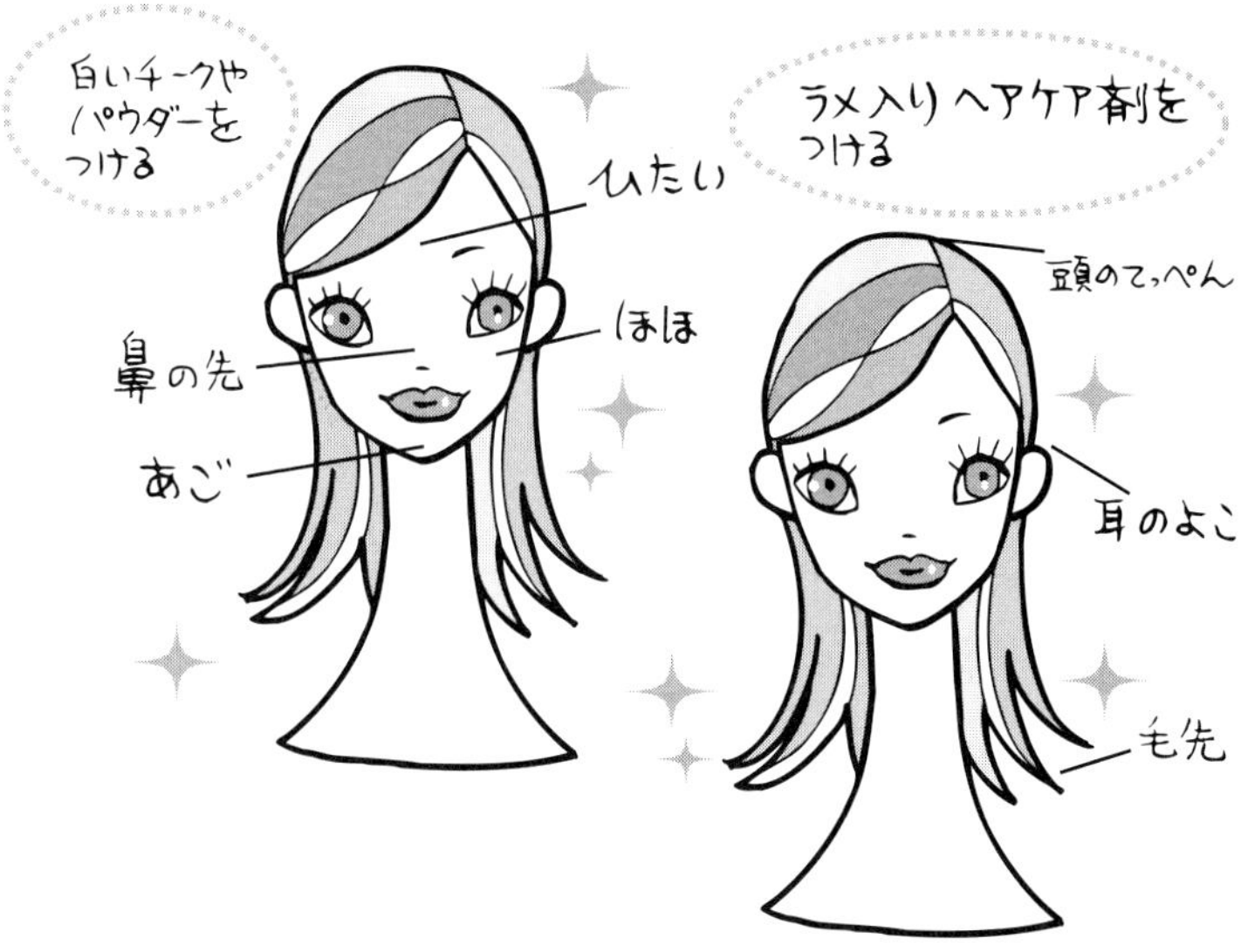

笑顔の光っている人はキレイでまぶしく、人にも神様にも見初められるのです！

彼から電話がかかってくる携帯電話ラポールの法

彼への思いを電波の波動を使って、彼に届けてしまおうというのがこのおまじないです。

これをしていることを絶対に人に言ってはいけません。仲良しの女友だちにも言わないで、秘密にしてやってください。

※ラポールとは「相手と通じ合う」ことです。

ラブパワーが届く携帯電話ラポールのしかた

1 淡いピンクの紙（8センチ×8センチ）の大きさに、「彼の名前」と「携帯電話の番号」と「メールアドレス」を書きます。

書いたものを小さく折って、あなたの携帯電話のバッテリーのところのふたをあけて入れておき、ふたをします。

2 それから、あなたの携帯電話に「彼の電話番号」と「自分の電話番号」と「４４４４」をプッシュするアクションを３回します。

このアクションは彼のことが気になったら何回してもいいですが、するときもしたあとも、思いつめたり、執着したりしないでください。わくわくしたり、軽いノリでやってください。

3 彼と仲良しになったら、バッテリーのところにしまい込んでいたメモは、手帳などにはさんでおいてもいいし、もう必要ないと感じたら塩をふってから捨ててください。
彼から電話がかかってきても、つきあうことになって、とても仲良しになっても、この秘法のことはないしょにしてくださいね。

ラブパワーが届く携帯電話ラポールのしかた

気持ちが通じれば、恋はすぐさま叶うのです！

両想いになり、二人の愛がすくすく育つ携帯画面ハートの法

言霊を利用した携帯電話のおまじないです。

携帯画面ラブ・ミー・ハートの法

1 まず、携帯電話の画面を新規メール作成画面にします（あらかじめ横8文字の設定にしてください。10文字とかになっている人は、8文字で改行して次のことを書いていきます）。

タイトル（題名のところ）は、「恋愛成就」と書きます。

2 本文のところに、イラストのような文字画面をつくります。

まず、「♥（ハートマーク）」を8つ描いて、次の行に「彼の名前」、その横に2つの♥で囲みます。次の行に「自分の名前」を書いて、同じように2つの♥で囲みます。最後に8つの♥を描きます。

3　できた画面を手のひら全体で3回なで、そのあと、「ふっ、ふっ、ふっ」と息をかけ、保存しておきます。

4　これらのことをするとき、強く念を入れたり、思いつめたり、心配したり、ネガティブなことを考えないでください。

思いのエネルギーがズシッと重いと、スムーズに届かなくなりますから。

携帯画面ラブ・ミー・ハートの法

恋心の起こす奇跡は、いつもステキなドラマを惹き寄せる！

誕生日のプレゼントに、彼から素敵なアクセサリーをもらう法

もしもあなたが自分の誕生日に、ぬいぐるみやステーショナリーグッズなどではなく、アクセサリーが欲しいと思うなら、次のことを実践してみてください。

アクセサリープレゼントの法

1　彼とつきあうことになったら、最初のデートのときから、シルバーでもプラチナでもゴールドでも何でもいいですが、〝自分が彼からプレゼントされたいという系統のアクセサリー〟をつけていてください。

毎回同じものでもいいので、とにかくデートのたびにつけていてください
さいね。
なぜ、毎回デートのときにつけていくかというと、彼はあなたの身なりを見て、あなたにあるものを見ているからです（ないものも見ています）。

あなたがアクセサリーをつけていたら、

「この人はアクセサリーをつける人」

という印象が必ず彼にインプットされます。

逆に、あなたがなにひとつアクセサリーなどつけていなかったら、

「この人はアクセサリーをつけない人」

という印象がインプットされるのです。

男性は、つきあった女性を実によく見ているもので、つきあってすぐの頃からすでに、

「彼女の誕生日には何をあげようか」

を考え始めるものなのです。

それが恋する男性心理の働きなのです。

ですから、あなたが彼からアクセサリーをプレゼントされたいなら、まずは「それを身につけるのが好きなんだ」ということをアピールしておく必要があるのです。

2 そして、誕生月付近のデートでは、二度アクセサリーをつけずにデー

アクセサリープレゼントの法

恋する男性は、あなたのすべてを見ているのです！

トします。そして、アクセサリーをつけ忘れたことを残念そうにちらっと言います。

それから、次のデートでは、またいつものようにアクセサリーをつけていってください。

3　すると不思議なことに、彼はあなたの誕生日にアクセサリーを選ぶのです。

キラキラアクセサリーで、キラキラ光るあなたを表現してみてください。

彼との仲たがいを解消し、復活愛に結びつける法

彼への良くない感情と自分の良くなかった部分をすっきり水に流し、二人のトラブルの波動を浄化し、新たに二人の関係に愛にあふれた美しい気と波動を持たせて、関係を修復するのが、この方法。

だいたい１週間以内に効くので、うれしくなります。

関係修復の法

１　白い紙２枚と水性のサインペンと、油性の赤と黒のサインペンと粗塩を用意します（白い紙はコピー用紙のようなものでいいです。サイズはＡ４でもＢ５でも好きな大きさにしてください）。

2　まず、1枚の白い紙には水性のサインペンで、「彼への良くない感情」と「自分の良くなかった部分」を書きます。簡単でいいです。

例　〈彼へのよくない感情〉

●私を悲しませることばかりして悲しい。
●何度も浮気ばかりして辛くてやりきれない。
●いつも本気で私に向き合ってくれないのが寂しい。

〈自分のよくなかった部分〉

●彼を悲観的にとらえすぎていた。
●自分の気持ちばかりぶつけたり、言いたいことを言いすぎた。

●わかって欲しいとばかり訴えて、自分は彼をわかろうとしなかった。
●彼をもっと思いやって、明るくふるまえばよかった。

などと書きます。

3 書き上げたら、洗面所（キッチンでもいい）などの水を流せる場所にその紙を持っていき、粗塩をひとつまみして、パッとその紙の上にかけて、水道の水をジャーッとかけてインクを流します（完全に流れなくても、ある程度、文字がにじんで消えていったらＯＫ！）。あと、そのぬれた紙は小さくちぎって、ごみとして捨ててください。

4　次に、すっきりした気持ちに切り替え、もう一枚の紙に向かいます。今度は、イラストのように、紙の中央に、彼をイメージして黒の油性サインペンで「人型」を書きます。そして、「生年月日」と「名前」も書きます。

5　人型のちょうど胸のあたりに、赤の油性のサインペンで「♥（ハートマーク）」を書き、「愛」と大きく文字を入れます。

そして、人体をうめるように、「愛・光」という文字を書きます。

6　次に、紙の余白をイラストのように「☆（星マーク）と愛と光」という文字で囲みます。

関係修復の法

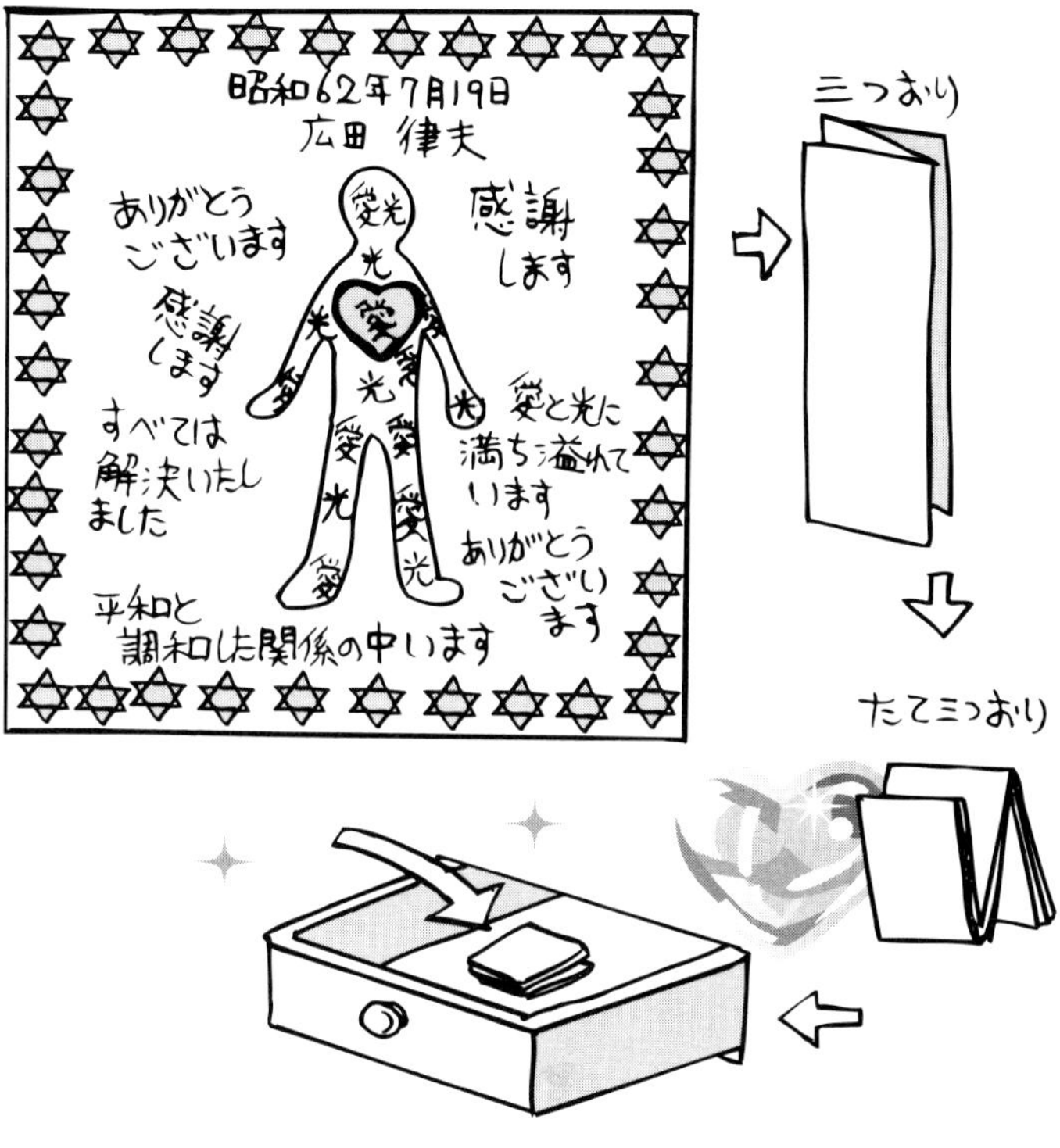

"思いは通じる" そんな宇宙の素晴らしい愛を感じられるおまじない。

そして、

「ありがとうございます」
「感謝します」
「すべては解決しました」
「愛と光に満ちあふれています」
「平和と調和した関係の中にいます」

という文字で書きつくします。自由に書いていきます。

どの言葉を何回使ってもいいですが、すべての言葉を入れてください。

7 そして、横に3つ折にして、縦にも3つ折にしますが、縦のときは、下のほうを長くし、上に重ねます。

8 それをドレッサーや机の引き出しに入れておきます。

ひとつ、ポイントは、書いている間は、彼と仲良くやっていた良い関係や楽しかったことを思い出したり、彼とまた幸せな時間を持って笑顔で過ごしている日々をあれこれ想像しながら、楽しい気持ちで書いてください。

彼と仲良しでいたい、二人のきずなをずっと大切にしたいという純粋な気持ちは、必ず彼に届き通じるのです！

Scene 4

強運をものにするルール

直感を鋭くし判断をあやまらない立身の法

直感を鋭くするためには、精神を静かな穏やかな状態に保っておくことがもっとも大切です。

自分の中から、邪念や思い込みや、うるさく繰り返すネガティブな言葉や、肉体的疲労、精神的疲労、ストレスを解消しておかなくてはなりません。

自分の中が鎮《しず》まり、空の状態で、リラックスしているときに、ポンと直感からのメッセージはやってきます。

ですから、そういう自分をまずつくっていくことから始めます。

なにかアイデアを探していたり、思いにまかせて動いてみたいと思って、直感を必要としている方は、次のようなことを試してみてください。
冴《さ》えた自分に出逢えますよ。

パープルな直感力アップ法

1 まず、一週間、入浴の時間を夜11時までにします。
そして入るときは、入浴剤をラベンダーのものにします。

2 一週間ラベンダーのお風呂に入っている期間は、できるだけ、パープルのものを身につけるようにします。
たとえばアイシャドウも、うすいパープルをまぶた全体にうすくつけます。

洋服や小物などにも、パープルカラーの入ったもの（ワンポイントでもいい）を用います。

3　そして、眉と眉の間のところ（みけん）を、人差し指と中指で軽く3秒押し当てます。これを8回繰り返します。

4　1〜3まではすべて直感力（第3の目）を開く刺激につながるものです。複合して取り入れるとパワーもアップします。

ピンときたなにかに楽しんで取り組んでいけば、ラッキー&ハッピーになります！

良いジンクスの服を着て、さらに福を呼ぶ法

新春セールでお洋服を買うのは「福を買う」という縁起かつぎなのですが、実際に、ふだんでも、いつもよりいい服を新調すると（買うと）、運気アップできるものです。

福を呼ぶお洋服活用法

1　いつも買い物に行くお気に入りのお洋服屋さんか、もしくは、いつも着ているものよりワンランク上のお洋服が売っているお店で、生地と仕立てのいい、「ちょっと高価めのお洋服」を新調します（買います）。

2 それから、この服を着て、3回連続足を運べることが可能な、できるだけ「格の高いホテル」(高級ホテル)に行ってください。

ロビーでうろついたりくつろいだりしてもいいですし、喫茶店に入ってロイヤルミルクティーを飲むのもいいでしょう。

とにかく3回この服を着て、3回ホテルに出向いてください。

毎回同じホテルでも、違うホテルでもいいです。

そして、必ずホテルマンと口をきいて帰ってきます。

「お化粧室はどこですか?」でもいいし、

「このホテルには宝石ショップは入っていますか?」でもいいし、

「喫茶室は何階ですか?」でもいいので、とにかくホテルマンと口をききます。

3 その服を着てホテルにお出かけした日は、帰宅したら必ず部屋の一番いい場所に就寝前までかけておきます。

そして寝る前に、洋服ダンスの一番左端に、他のお洋服とちょっと距離をはなしてしまいます。

これで洋服に運気アップの気がついていますので、今度は逢うのが楽しみな人と逢うときに一番に着てください。そのお洋服が人物なり出来事なり、とにかく素敵な出逢いを運んできます。

今日から人生を好転させる天願の法

にっちもさっちもいかない状態になったときや、四面楚歌《しめんそか》のような身動きがとれない状況に身を置かれた場合や、これ以上自分の力ではなにもどうすることもできないと、無力と運命の大きさに自分がつぶされそうになるのを感じたときに、この天願の法を行なってみてください。

なぜか翌日や、2、3日あとに、ひょっこりと事態を好転させる出来事が訪れ、そこから状況が良い方向に開いて行き始めます。

運命が幸せに満ちる天願の法

1　まず、こらえ切れない涙は素直に流してください。声を上げて号泣《ごうきゅう》してもかまいません。

2 事態の悪さをありのままにまず見つめ、受け止めてみてください。なんとかしようとか、どうしようと思うのではなく、いま何が起こっているのかを、泣きながらでもいいのでしっかり把握してください。

3 もはや事態が、あなたひとりの力や働きかけではどうにもならないことを実際のこととして受け止めます。

そうして、すべてはありのままに受け止め、天に身をまかせるしかいまはないことを認め、個の無力を感じてください。

他人さまのお力があってこそ、支えられていたからこそ、すべての物事がうまく運んでいたのだということを謙虚に認めてください。

そして、目に見えない力の作用で、生かされ、いままでの人生が守られていたのだということに気づいてください。

4 そうして我を捨てて、無心になって、自分を静めてください。

5 それから、天に心からの声を届けます。

心の中で言っても、声を出してもいいです。

夜、空を、天を高くのぞみながら、しっかり見ながら、宇宙に声を届けるつもりで、次のように唱えてください（庭やベランダに出て、あるいは、空を一人で見上げられる場所に移動して）。
「天の神様、いまの私を助けだしてください。
すべての因果は自分にあったのだと知りました。
すべての道の行方が自分にあったのだと知りました。
他力と天の力の偉大さとありがたさをいま心底わかりました。
もう助けてください。
これからは自分も他人も活かします。
愛と光を持って、感謝の中で生きていきます。
神様が連れていってくれるどんなに高い場所までも、私は昇る決心をしました。

私をここから引き上げ、助けだしてください。
ありがとうございます。感謝します」
と、心を込めて天に本気で訴えます。

6　唱えている間中、涙が止まらなくなることでしょう。
しかし、ほんとうに不思議なことに、このお祈りを捧げたあと、不思議な不思議なやり方で、解決や飛躍がやってきて、人生がみるみる好転してくるのです。
※私が何度も逆境とピンチの中で、無心に祈ったもっとも不思議で絶大な効果のあった祈願法です。

いま置かれている逆境やピンチの中でさえ、謙虚になり、感謝できたとき、とてつもない高い次元の自己が開花し、宇宙の大霊とつながることができ、大きなパワーとサポートを授けられることになるのです。

物事の再スタートをうまくいかせる３３３の法

新しくなにかに着手するときや、前に着手していて、そのまま中途半端になっていたものを、もう一度動かしたいと思うことがあるときなど、この方法を試みます。

３３３の法則とパワーGet法

１ まず、そのうまくいかせたいことに関係する人や場所を３回連続訪ねてください。

その人に３回続けて電話やメールを送ってもいいですし、その人がいる場所に３回連続足を運んであなたの顔を見せてください。

なにも用件がなくとも「ちょっと近くまできたので寄せてもらいました」と、軽い手みやげなどを持っていき、すぐに引き上げます。

「ゆっくりしていってください」と言われても、すぐに帰ってきてください。

だらだら暇そうにそこにいるのではなく、つねに忙しそうな様子を見せ、けれども3回アクションすることで、気持ちがそこに向いていることを残してこれたらいいのです。

人に直接逢えない場合は、そのうまくいかせたいことに関する場所に勝手に自分で3回出向くだけでもいいです。

2 それをやっている間、家の玄関に、紙に赤い●を3つ（3つの●が三角形になるように）書いたものを飾っておいてください。やる気とスタートを加護する開運のパワーが働きます。

3 そのうまくいかせたいことに関するグッズ、そのことを計画として書いた手帳とペンと、その日使おうとしている鞄を3点セットにして毎日使ってください。

これで物事がうまく動き始めます。

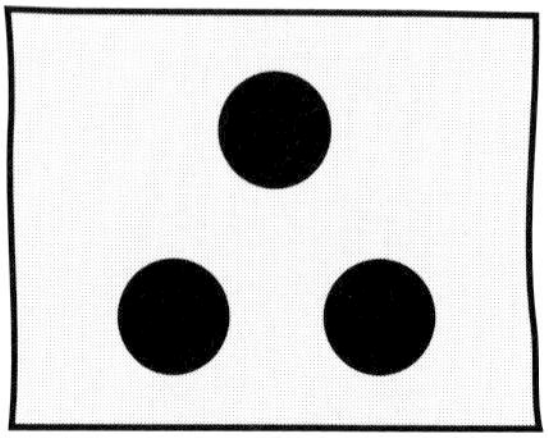

大きさは自由！

Scene 5

開運パワーをアップさせるルール

就職先やつきあう相手を正しく選ぶ波動鑑定の法

選ぶのに迷っている就職先や、つきあう相手や、行くべき場所を、そのときのあなたにとって正しいものを選ぶようにする方法があります。

迷ったときは、是非この方法を用いて判断の一助にしてみてください。

良いものは手元に残る当然の法

始めるにあたっての注意点ですが、いっさいの執着や先入観を捨てて、淡々とやってください。

1 まず、「A4サイズの用紙」を用意し、イラストのように四等分にカットします（選ぼうとしている候補となっている就職先、またはつきあう相手や行くべき場所の数に合うようにカットした紙を使います。なので、3枚しか使わない場合は、1枚は捨ててください）。

※テーマをごちゃまぜにせず、就職先なら就職先、人なら人、場所なら場所というように、ちゃんと1テーマごとにやってください。

2 そしてイラストのように、就職先の「会社名」や「人名」や「場所」を書いていきます。

3 書き上げたら目の前に並べて、全体を見てください。なんとなく紙にそれを書いているときから、うれしい気分だったものはどれですか？

それを書いていたときに〝ここは働いている自分の姿が見えるなぁ〟と感じたものはどれですか?

また、逆に〝ここはありえないなぁ〟とか、なんか人ごとのように感じたり、感心がうすかったのはどこですか?

まず、そうやって、いい感じがするものと、あまりいい感じがしなかったものに分けます。いい感じがしなかったものは、対象から外してください。

4 いくつかいい感じのものが残って迷う場合は、今度はそれを左の手のひらに乗せ、右手を紙にかざします。

良いものは手元に残る当然の法

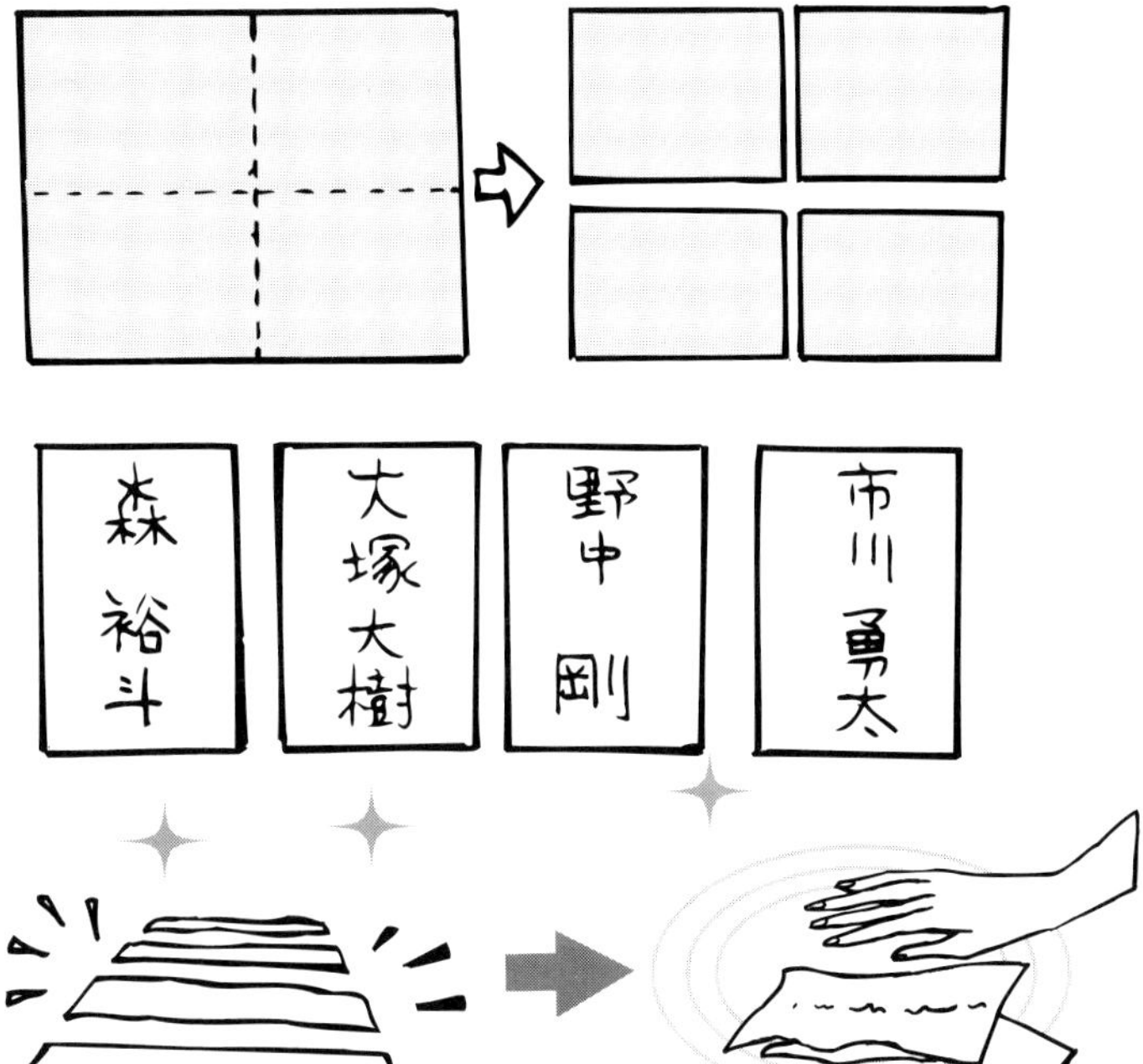

なにもピンとこなかったり、どれもひとごとに感じられるものは、あまり縁がない。ピンときて、あたたかいものが、より良くかかわれるもの！

候補に上がっている何枚かを同じように手をかざしていったとき、かざした手のひらが、なんとなく、ぽかぽかあたたかかったものがあるはずなのですが、それが一番いまのあなたにとって波動のいいものと判断できます。

5 これが人物であっても、行く場所であっても、やり方や感じ方は同じです。

考えすぎず、先入観を持たず、スーッと素直にやってくださいね！
自分の中にある正しい答えに導かれますから。

邪気を払い良気を呼び込む水晶の法

これは、とても簡単で、とても効果的なエネルギーワーカーたちのポピュラーな開運法です。

水晶のパワーON 開運法

1 パワーストーンショップなどで、イラストのような形の水晶を買って始めます。

値段的にはピンからきりまでありますが、1000円くらいから8000円くらいまででいいものがあります。何万円もするものを用いる必要はありません。

2 これは二人でやります。誰か信頼できる人や仲良しの人と、お互いにしあったりするのが一番いいです。

3 まず、イラストのようなポジションを取ります。そして後ろに立った人は、座っている人の頭の上20センチくらいのところに水晶を持ってきます。

そして、まず邪気抜きの儀式からします。頭上の水晶を時計と反対回りにくるくる回します。次第に早く回し、15秒〜30秒くらい回したら、またスピードをゆるめ、止まる間際にスーッと頭上から水晶を引き抜くように上げて終わります。

水晶のパワー ON 開運法

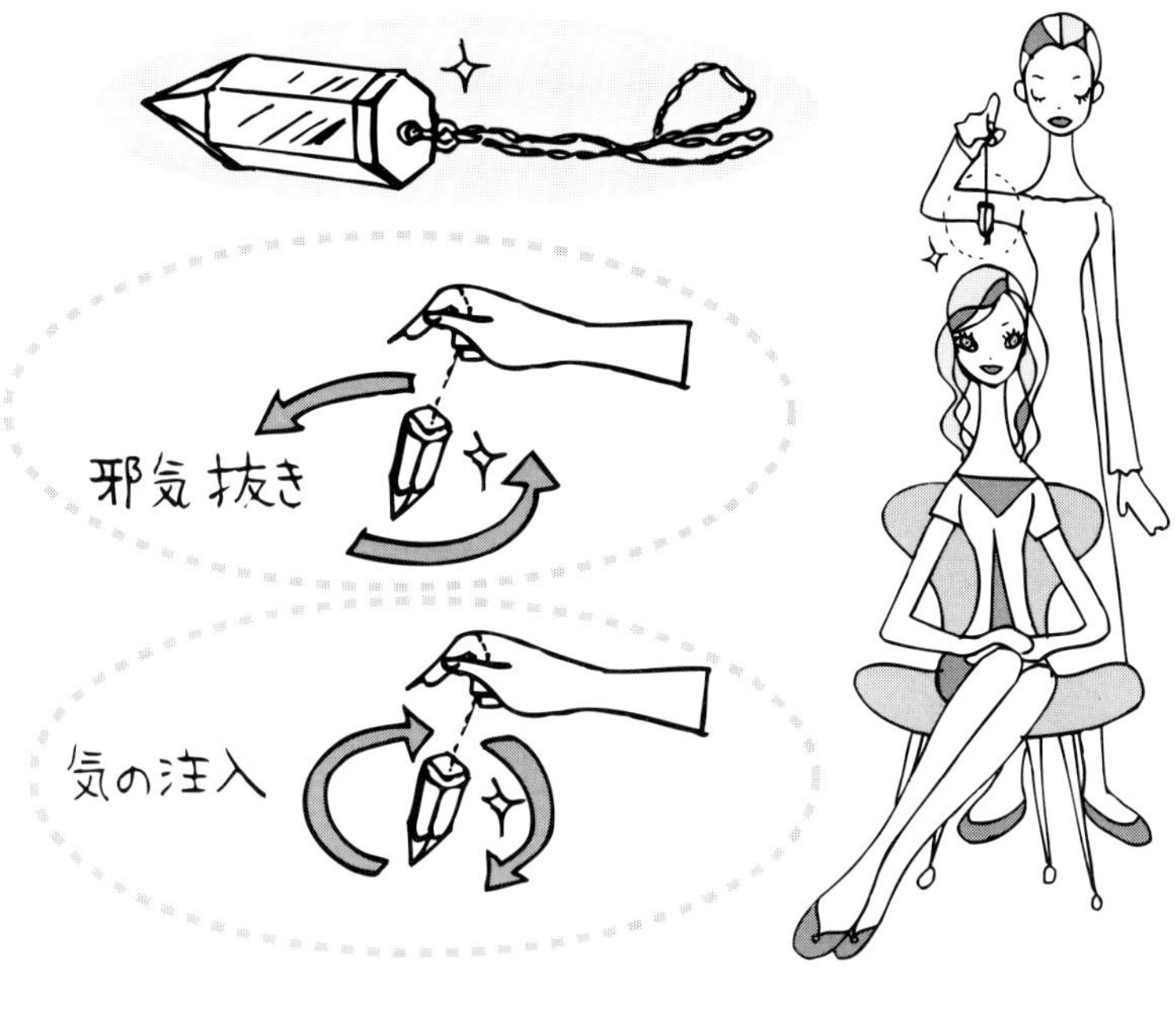

水晶を回す方向をまちがえないように！

邪気がすごくたまっていた人は、水晶を回し始めたとたんか、引き抜いて終わるときに、頭のてっぺんにツーン！　と、鋭い痛みが一瞬走るかもしれません。

思わず、イタッ！　と、声が上がる人もいます。

が、これで邪気が抜けた証拠です。

4　次に、宇宙に流れている良い気を、水晶を通して体の中に注ぐ儀式をします。

また、さっきのように、水晶を頭上の20センチくらい上に持ってきます。今度は、時計回りに水晶をくるくる回します。

次第に早く回して、それからゆっくりもとに戻すようにスピードをダウンさせていき、最後は、頭上で止めて、そっと水晶を頭上からはなします。これも15秒～30秒以内で結構です。

良くないものを外に出すだけで、良いものは必然的に入ってきます！

イヤな低級波動と不運をお払いする柏手《かしわで》の法

低級波動とは、恨みやねたみ、しっとや邪悪な思いなど、ネガティブな人間の思いの念のエネルギーのことを言います。

対人関係でトラブルが多い人は、人の恨みやねたみをもろに身体に受けてしまいがちです。こちらがそんなにおおげさに思っていなくても、うらみがましい人とか、こちらに異様に執着してくる人というのは、いるものです。

そういう人の良くない思いや念を受けてしまったときは、体が異常に重かったり、だるかったりして、お風呂に入っても、ぐっすり寝てもなかなか元気になれず、ずっと疲労感があってしんどかったりします。

また、特に首のまわりや頭が痛かったり、肩が重くてズシッとしたりします。

そういうときは、トラブルの相手の気がこちらに乗っかってしまっていることが考えられますので、払いのける必要があります。

低級波動のお払いの儀式

1 まず、パン！　パン！　パン！　パン！　と連続して強く柏手を打って、音の作用で自分にとりつく低級波動を散らせます。

そのときに、心の中で、

「私に送られてきたこの思念は受けつけません。この低級波動を消滅させてください」

と一度キッパリと唱えます（しつこく何度も言わなくていいです）。

恐れた気持ちを持ったり、ぐらついた気持ちでせず、毅然《きぜん》とした気持ちと態度でいてください（なんでもそうですが、〝ネガティブなものは弱みにつけこむ〟と言います。体が弱ればウィルスにつけこまれ、むしばまれて病気になるのと同じで、あなたが弱々しくおどおどしていると、悪いことを企んだ人や良くないものに巻き込まれるのですから、このことを覚えておいてください）。

2 次に、立った姿勢で、両手で頭のてっぺんから下にむかってさっとなでて、乗っかっている邪気を払う動作をします（すべて服についたホコリを払う感じです）。

それから、右手で、首のうしろを上から下になぞり、そのまま左肩、そして左腕から手の先までをなでて払い切ります。

今度は左手で同じ動作を右側にします。

3 今度は、立った姿勢のまま、両手で脇の下から脇のラインを通って、腰、お尻までをなでて払いのけます。それから、両足を上から下のほうになでて、最後は、足先まで払いのけます。

4 そして、もう一度、すべての邪気を分解・退散させるくらいの勢いで、強く柏手を連打します。気持ちがスキッとする瞬間がくるまで、何度でもしてみてください。

イヤなことと無縁になりたければ、自分が迎え入れたい良いものを、遠慮せず、どんどん喜ばしく思い描き、惹き寄せること！

そういう習慣を持つと、イヤなものを寄せつけなくなります！

引越し先での生活を幸せに運気アップさせる浄化の法

環境を変えることが、人生の変化を呼び込むもっともベストな方法です。

新たな環境に新しい良質の気を持たせることによって、そのあとの自分や人生をより良く運べるものなのです。

昔の人がみんなしていたという、家の御霊《みたま》をうやまう浄化法を取り入れて、引越し先での生活に良いスタートと運気を持たせてあげましょう。

盛運の儀式

1 引越しする家のお掃除は、徹底的に念入りにしてください。掃き掃除だけでなく、必ず雑巾がけも丁寧にしてください。

2 キレイに掃除が終わった部屋の外に出て、今度は玄関と庭（マンションなら玄関とベランダ）に「お神酒《みき》」（お酒）をパッ、パッとまいて、家まわりを鎮めます。

3 次に、イラストのような場所に「盛り塩」（粗塩を用いる）をし、部屋の浄化をします。

4 この状態を一週間そのままにしておきます。引越しが急な場合で、お掃除をしてすぐに引っ越してこなければならない場合（スケジュール

盛運の儀式

以前の住人の残留思念を取り除き、浄化してから、自分が引越すのがベスト！

的に、一週間も部屋をこのまま空にして保っておけない場合）は、最低でも、丸一日はこのままにしておいてください。

※こうすることで、前にここに住んでいた人の残留思念をすっかり取り除くのです。また、部屋の気を浄化し、同時に高めるのです。

5 引越しの日は、家具を部屋に運び込む前に、まず、新調した「お味噌」と「醤油」と「塩」をキッチンに運び込みます。封を開けずに、袋や容器に入れたままの状態で置いておきます。

それから部屋に並べていた粗塩も、いったんキッチンに集めておきます。そして、ようやく部屋に家具を運びこみます。

6 すべてのものを部屋に運び終え、キレイに部屋に配置し、お掃除をすませたら、今度は、味噌や塩や醤油は食器棚などしかるべき場所にしまいます。

そして、集めておいた、部屋を浄化したお役目のおわった塩を、キッチンの流し、風呂場、洗面所、トイレにそれぞれ分けて水で流してしまいます。

そのときに必ず、

「お清めいただきありがとうございました」

と、お役目を終えた労をねぎらいます。

新しい環境を喜んで受け入れる人には、新しい人生が開けます!

やたらと続く良くない出来事を消滅させ、事態を好転させる法

お風呂でできる簡単な開運法です。

なんだかやることなすこと裏目に出たり、人間関係のトラブルが続いていたりして、精神的にも疲れていて、体もだるさや疲れが根強くたまっていて、なかなか心身も運も良くならないというときにやってみてください。

そこまで、ひどくなくても、「今日はなんかイヤなことがあった」という日に、それを明日に引きずらないよう、今日一日で悪いことを消去したいときにしてみてください。

イヤなできごとを浄化し消滅させる法

1 お風呂場に粗塩を持って入ります。

まだ、お湯をかけない身体にお清めをしていきます。

イラストのように、頭の頭頂部にひとつまみ粗塩を乗せ、両方の足の裏の真ん中に、ひとつまみした塩をギュッとつけます。

2 これから入ろうとする湯船に、片手いっぱいにつかんだ粗塩をパラッと入れます。それから左足から湯船に入ってください。15分くらいしっかりつかります（のぼせるといけないので、ぬるめのお湯にしておいてください）。

3　湯船から出たら、いつものように身体を洗ったり、髪を洗ったたりしてください。そのときには湯船のお湯はいっさい使わず、シャワーを利用してください。

4　仕上げに冷たい水を全身に一回、「エイッ！」という声をかけながら、頭からかぶってください。あまりにも冷たい水だと体によくないので（心臓発作を起こしたり、風邪を引くといけないので、少しお湯をまぜて調整してもいいです）。

これで良くないものを清められました。

イヤなできごとを浄化し消滅させる法

厄落としはスッキリ気持ち良くするのがコツ！

自分を外敵からしっかりガードし、身を護《まも》る魔法の輪の法

この方法は、自分の身を護りガードしていたい、あらゆる場面で使えるとても簡単なものです。

これをやると、魔法のカプセルの中に自分をスッポリ包んでいるのと同じ！　とてもありがたく心強い秘法です。

お守りカプセルの魔法

1　まず出かける前に、イラストのようなモチーフ（ℓ〈リットル〉がふくらんだ形）を、自分にイメージでまとわせます。

2 そのまとったモチーフを、時計回りにくるくる回していきます。
どんどん回転スピードを速くして、外側に光を放つようなイメージを描きます。その回転に合わせて、「護りの光」と声に出して繰り返します。

3 そして回転スピードをゆっくり下げて静かに止まったら、魔法カプセルの出来上がりです。この動作は1分以内でいいでしょう。

4 これでお出かけしてください。

この魔法カプセルをまとって外出した日は、高次のエネルギーに近寄れないなにかを抱えている人が、たとえばあなたが電車に乗ったとたん、奇声を発してその車両から出ていったり、いつものいじわるな人が、なぜかあなたのそばにこなかったりします。そうやって、あなたにとって良くないものからガードしてくれるのです。

また、このカプセルをまとっている日は、いつもと違う道を歩いて帰りたい気になることもありますが、そのときは心の声に従ってそうしたほうがいい場合があります。

また、素敵な人と近づけたりもします。

護られる人は、いつも神さまと一緒！　行く先々が、良いことで満ちるのです！

お守りカプセルの魔法

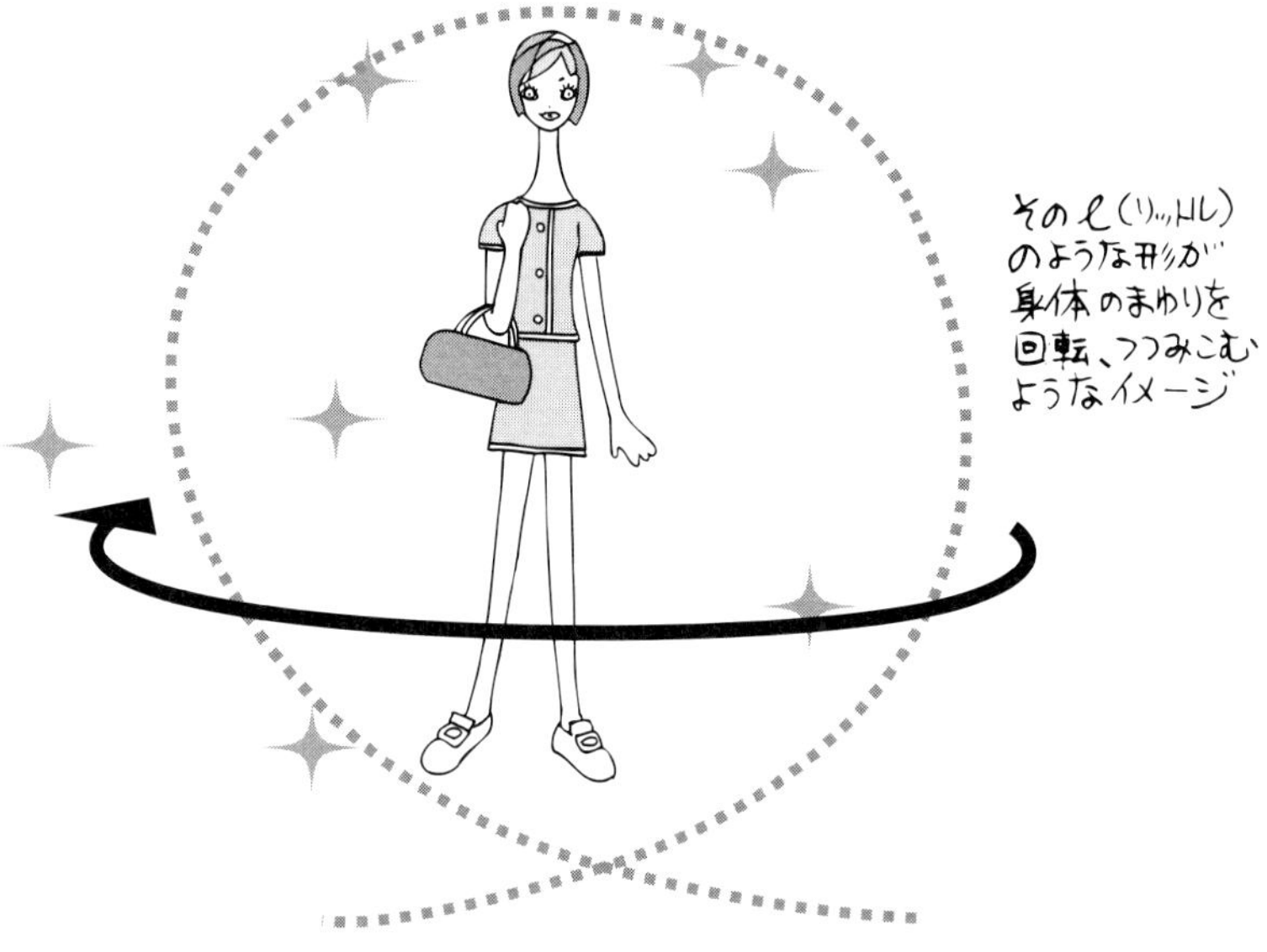
その ℓ (リットル)
のような形が
身体のまわりを
回転、つつみこむ
ようなイメージ

「お守りカプセル」の中にいるから安心！

身になるあとがき

〝信じることなしに成功はない〟

この世の中には、信じることで成り立っていることはたくさんあります。

〝信じることこそ救われる〟という言葉もあるくらい、人はなにかを信じて、思う場所に突き進もうとすることはあるものです。

たとえば、真っ暗なトンネルに閉じ込められてしまったとして、どっちへ進めば助かるのかまったくわからなくなって、身動きがとれないような状態になってしまったとしても、外から助けがやってきたのがわかったら、その相手を信じて人はそっちに行くものです。

「出口はこっちですよ！　私たちが助けますから安心して声のするこっち側に歩いてきてください！」と大きな声をかけられ、導かれたら、疑わずに、というか、信じてそちらに進み始めるものなのです。

それまで、暗黒の中で、先の見えない恐怖でぶるぶる震え、その場にしゃがみこんで途方にくれ泣いていたという人であっても、ひとすじの光明に出逢ったとたん、元気を取り戻し、希望の見えたその方向に歩き出すのです。

途方にくれ、不安になっているとき、ひとすじの光を投げかけてくれるようなものがあれば、人はほっとし、心を落ち着け、いつもの自分に戻れたりするのです。

私も、ひとり夢に向かって歩く途中で、迷いや不安が生じたことも幾度かありました。

でも、そのたびに、自分の本気を確信させてくれるものや、未知の世界へ踏み出そうとする自分を鼓舞するものや、お護りになるものを、積極的に取り入れてきました。

「やるだけやったらあとは運を天にまかす！」という姿勢でいるだけで、いらぬ心配をしなくてすみましたし、どれほど心が救われたかわかりません。

ここにあるすべてを、私自身もちゃっかりやってきました。それで、私なりに良い結果に出逢ったきっかけとなったものを、ここにご紹介してみました。

やるたびに、「おもしろい展開になるものだなぁ」と、不思議に思えるいいことが起こって、何度事態を好転させたことか……。

そうそう、この本の制作進行中からスタッフの人たちもあれこれ試していて、おもしろい結果を得た人もいっぱいいて、かなり期待できるのです。

〝信じる者こそ救われる〟とは、私のためにあるような言葉だなぁと思います（笑）。

みんなが、試したことが、うれしいことや、良い結果につながりますように☆

ミラクルハッピー　佳川奈未

特別付録

原寸大

神秘な霊力満載の言霊お守り

この付録の使い方

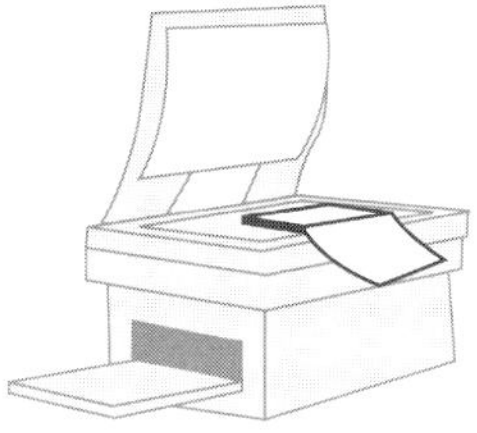

① 138ページ（次のページ）をコピーしてください。

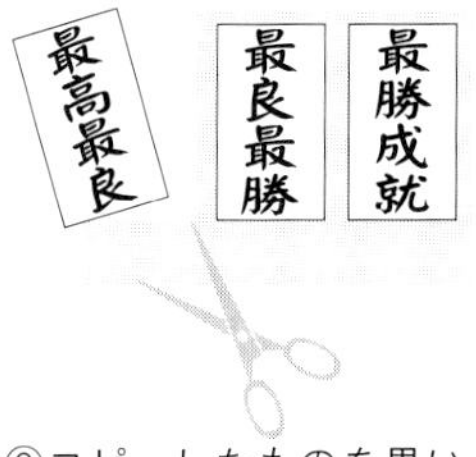

②コピーしたものを黒い線に沿って切り取ります。

「言霊お守り」の詳しい使い方は31ページを！

7センチ

4センチ

最高最良

最良最勝

最勝成就

ツキとチャンスが訪れる超開運BOOK
2005年9月10日　初版第1刷発行
2006年1月31日　　　第4刷発行

著　者　　　佳川奈未
発行者　　　大滝　昇
発行・発売　ゴマブックス株式会社
〒105-0001　東京都虎ノ門2-4-1虎ノ門ピアザビル
電話　03（3539）4141
印刷・製本　暁印刷

2005 Printed in Japan　ISBN4-7771-0208-4　C0030